El sentido del asombro

Rachel Carson

El sentido del asombro

Prólogo y traducción de
Mª Ángeles Martín R-Ovelleiro

Ilustraciones de
Andrea Reyes

Título en idioma original: *The Sense of Wonder*

Esta edición se publica con el acuerdo de Frances Collin, agente editorial, a través de International Editors' Co.

Prólogo y traducción: Mª Ángeles Martín R-Ovelleiro
Ilustraciones: Andrea Reyes
Imágenes del manuscrito, dibujo y fotografías de niña de la autora proporcionadas por el archivo de Yale Collection of American Literature, Beinecke Rare Book and Manuscript Library

Colección Nuevo Ensayo, nº 84

Fotocomposición: Encuentro-Madrid
Impresión: Podiprint
ISBN: 978-84-1339-078-9
Depósito Legal: M-22063-2021
Printed in Spain

Para cualquier información sobre las obras publicadas o en programa y para propuestas de nuevas publicaciones, dirigirse a:

Redacción de Ediciones Encuentro
Conde de Aranda 20, bajo B - 28001 Madrid - Tel. 915322607
www.edicionesencuentro.com

ÍNDICE

PRÓLOGO A LA EDICIÓN ESPAÑOLA

Rachel Carson, autora de esta breve obra que el lector tiene entre sus manos, hizo historia en el mundo ambientalista con la publicación en 1962 del libro *La primavera silenciosa.*

> Era una primavera sin voces. En las madrugadas que antaño fueron perturbadas por el coro de gorriones, golondrinas, palomos, arrendajos y petirrojos y otra multitud de gorgojeos, no se percibía un solo rumor, sólo el silencio se extendía sobre los campos, los bosques y las marismas[1].

«¿Qué es lo que ha silenciado las voces de la primavera en incontables ciudades de Norteamérica?»[1], con esta pregunta comienza *La primavera silenciosa* que tras casi 60 años sigue siendo un *bestseller*. La posibilidad real del escenario que describió Carson conmocionó a la sociedad americana de los años sesenta.

---

[1] Carson, R., *La primavera silenciosa*, (traducción de Joando Mènec Ros), Editorial Crítica, Barcelona 2010.

El revuelo que produjo esta publicación tuvo varias causas. En primer lugar, utilizó un lenguaje científico y a la vez divulgativo que nunca nadie había mostrado tan asequible a un público general. En segundo lugar, denunció exhaustivamente una tecnología dañina a la que no se le planteaba ponerle límites en aquella época. En tercer lugar, evidenció un riesgo para la salud pública por falta de precaución normativa.

Los temores generalizados en la sociedad americana se desataron. Como consecuencia, el imperio de la industria química de los pesticidas organizó una intensa campaña de desprestigio personal y descrédito científico contra Rachel Carson. A pesar de ello, la aparición de su nombre en la prensa fue constante y el éxito de ventas del libro inusitado. Esto provocó que la única cadena de televisión americana que empezaba a emitir en esa época, la CBS, realizara un programa especial sobre los pesticidas químicos y *La primavera silenciosa*. En dicho programa emitido en directo en franja de máxima audiencia se entrevistó a Rachel Carson. Miles de hogares vieron por televisión a una mujer, sin afán alguno de protagonismo, que advertía de los peligros del DDT para la salud de las personas y de los ecosistemas. La firmeza de su argumentación junto con su capacidad comunicativa desencadenaron la alarma social.

Por este motivo, el Congreso de los Estados Unidos, bajo el mandato del presidente J. F. Kennedy, la llamó a comparecer en una Comisión de Estudio acerca de los pesticidas. Como consecuencia, la Comisión estableció la necesidad de comenzar Políticas de Protección de Salud Pública y de Conservación de la Naturaleza. Todo este proceso empezaría a cristalizarse sin que Carson lo viviese, en 1969, con la firma de la Ley Nacional de Protección Ambiental (conocida como la NEPA), precursora de toda la Legislación Ambiental americana y más tarde europea. Rachel Carson murió de cáncer de pecho a los 56 años, en 1964.

Se puede decir que el curso de la historia sociológica de América, y por influencia, la de Europa, cambió al introducir la cuestión de nuestra relación con la naturaleza a debate. El axioma de proteger el medio ambiente, que hoy nadie discute, tiene en aquel momento su origen. Asimismo, los Movimientos Ecologistas comenzaron a surgir, como explica la mayoría de los tratados de Historia de la Conservación, a raíz de la publicación de *La primavera silenciosa*. La importancia de Carson para los que queremos y trabajamos en la conservación de la naturaleza es grande e indiscutible.

La vida personal de Carson estuvo marcada, desde muy joven, por cuidar y mantener económicamente a su madre y su sobrino nieto a quien adoptó cuando quedó huérfano. De niña tuvo una educación guiada por su madre quien le inculcó de por vida un amor por la naturaleza. Debido a su frágil salud de pequeña estuvo varias épocas de *homeschooling*[2] siguiendo la escuela pedagógica «Study Nature Idea» (Bailey[3], 1903; Comstock[4], 1911). Su famoso lema *«study nature not books»* buscaba el aprendizaje a través de la experiencia y el contacto con la naturaleza para fomentar la creatividad y el asombro como principios educativos.

A Carson siempre le gustó escribir. Desde muy niña inventaba cuentos. El dibujo que se incluye en el manuscrito de esta edición es de ella cuando tenía seis años, acompañado con rimas. Constatan ya desde la niñez su estilo tan característico de escribir poéticamente. A los diez años ganó un premio de redacción en el periódico local de su Pensilvania natal.

Rachel Carson iba para filóloga hasta que una profesora de Biología le despertó la gran pasión que ya poseía de niña: estar cerca de la naturaleza. Después de licenciarse en Biología, y gracias a su habilidad para la redacción y la investigación científica, trabajó en la

---

2 *Homeschooling* consiste en escolarizar a los niños en el hogar o en cualquier sitio que no sea la escuela acompañados por un tutor o un miembro de la familia.

3 Liberty H. Bailey fue un conocido profesor de botánica y director de la Escuela de Agricultura en la Universidad de Cornell que impulsó el Movimiento «Nature Study» que promovía una renovación pedagógica para el estudio de la ciencia, a través de despertar en el alumno una empatía con la naturaleza en el gusto por conocer a través de la experiencia.

4 Anna B. Comstock fue una educadora y artista que trabajó con Bailey en la Universidad de Cornell y es autora de *The Handbook of Nature Study*, manual para padres y profesores, desarrollando el modelo pedagógico del movimiento «Nature Study» basado en suscitar la curiosidad por el mundo natural que nos rodea. La madre de Carson utilizó este manual con su hija.

sección de Publicaciones del Servicio Federal de Caza y Pesca. Su primer libro, y su favorito, fue *Under the Sea Wind* (1941), una descripción de la vida del mar en la costa de Maine que tanto le apasionaba.

Tenía un estilo sencillo de escribir. Reescribía continuamente y no publicaba hasta que estuviera totalmente satisfecha con el resultado. Su obra es corta, pues ponía mucho trabajo en cada libro. Al revisar sus manuscritos y las versiones de los mismos en la Biblioteca Beinecke Rare Books de la Universidad de Yale pude comprobar su minuciosidad por lo que hacía. El manuscrito que se incluye en esta edición, escrito en otoño de 1955, es uno de los primeros que se conservan. El prólogo escrito por la historiadora de las ciencias ambientales y una de las biógrafas de Carson más importantes, Linda Lear, se incluye también en esta edición.

El libro *El sentido del asombro* fue en su origen un artículo que le encargó la revista *Woman's Home Companion* titulado *Help Your Child To Wonder* (1956), *Ayuda a tu hijo a asombrarse*, y que fue publicado póstumamente en 1965 por la editorial Harper con el título *The Sense of Wonder*. Carson aceptó este encargo pues vio en él la oportunidad de poner por escrito lo que tenía que decir antes de morir. Siempre quiso ampliar este artículo a un libro. Lamentablemente, tuvo mucha dificultad en escribirlo tanto por los dolores que sufría como por el escaso tiempo del que disponía a raíz de la controversia suscitada por la publicación de *La primavera silenciosa*.

El sentido del asombro es un libro de reflexiones y experiencias a lo largo de su vida cuidando a su sobrino

Roger. Rachel, que nunca se casó ni tuvo hijos, partió de lo que ella más amaba y disfrutaba para entretener a su sobrino: pasar horas cerca de los bosques y el mar de Maine. Cuando Roger tenía tan sólo 20 meses empezaron sus aventuras juntos. La acogida sencilla y entusiasta de la naturaleza por parte del niño cautivó a Carson. La fuerza de las olas, el ruido del viento, el olor del mar, la oscuridad de la noche; nada producía temor al niño, más bien todo lo contrario.

La capacidad de asombrarse se tiene desde muy niño. Todos los que hemos estado con algún bebé o niño pequeño vemos el estado natural de este sentido. El asombro provoca lanzarse a descubrir un mundo porque fascina y al tiempo se percibe como algo que no nos es ajeno. Carson reconoció este preciso estado como el original para acercarse al mundo. De esta experiencia nació su certeza de que una vez despertado el asombro, éste se convierte en una necesidad para disfrutar la naturaleza y la propia vida.

Rachel Carson no tenía ninguna pretensión de enseñar a su sobrino toda su ciencia o las clasificaciones taxonómicas. Quería simplemente que surgiera el *«wonder»*. Esta palabra en inglés tiene una doble acepción: la de sorprenderse y la de preguntarse. Es esta misma conjunción la que quiere hacer descubrir a su sobrino. Como dice en el libro, para ella era más importante que Roger fuera capaz de percibir el misterio que subyace en la migración del correlimos, cuando cada agosto aparecía en la playa, que supiera distinguir un correlimos de un chorlitejo. Esta feliz integración de dos significados en una misma palabra en inglés refleja el proceso natural que sucede. Al maravillarse, uno se conmueve siempre y surgen naturalmente multitud de preguntas que requieren conocer más, como el niño pequeño reacciona ante la naturaleza: todo lo quiere tocar, todo lo quiere saber y todo lo pregunta.

Carson intuyó cómo este sentido natural, que todos poseemos, iba a mermarse ante el avance de una tecnología que tendía a separarnos del contacto con la naturaleza. Ella sospechó cómo aquella época que le tocó vivir, cuando se crecía al aire libre, iba a tener los días contados. El tiempo en el que la naturaleza era parte del hogar, los niños jugaban a bañarse en el río, construían cabañas en el árbol o se tumbaban en campos de trigo, estaba próximo a acabarse. Es por esto que Carson vio imprescindible cultivar el sentido del asombro.

Su método consiste en que un adulto acompañe al niño en la aventura de descubrir las maravillas de la naturaleza. Este acompañamiento me recuerda a la simbiosis en los líquenes, éstos que a Carson tanto le gustaban. Ella sabía que el entusiasmo ante el ruido del mar o el olor después de una tormenta, eran la mejor manera para que su sobrino disfrutara. La reacción del niño, como si todo le perteneciera, le hacía más comprensible y a la vez más misterioso ese sentido del asombro a Carson. Ambos se ayudaban. Ninguno poseía para sí la fascinación sino que parecía que la agrandaran por el mero hecho de reconocer juntos la belleza innata del mundo. El acompañar para que ocurriera una reacción en una sola dirección, sin aprender o estar atenta a lo que sucedía, no era el estilo de Carson. Para ella nada pasaba inadvertido. Todo era fuente de comprensión desde lo más pequeño, el sonido de un insecto, hasta la respuesta de un bebé. La grandeza de la naturaleza y su misterio exceden de formulismo. Apuntan a entrar en relación. Este Misterio se reconoce y se disfruta, se constata en compañía con la certeza de que vuelve a acontecer y sorprender. Así es el asombro.

Muchos afirman que el legado de Carson es la denuncia ambiental que provocó la aparición de los movimientos ecologistas actuales. Así fue, a pesar de que ella no quiso causar ninguna confrontación entre instituciones, ni ser generadora de ningún movimiento. Aun así, Carson ha quedado reducida en la Historia bajo esta visión. El libro *El sentido del asombro* ayudará a entender no sólo a esta mujer, sino a la razón que subyace en la denuncia que la ha caracterizado. En mi opinión, este libro es su obra más trascendente y desconocida. Más allá de revelar en su vida las agresiones a la naturaleza, su principal legado fue enseñarnos que no hay mejor manera de preservarla que experimentar su grandeza.

Hoy es importante recordarlo. Los científicos, profesores o activistas a quienes nos mueve la importancia que tiene la preservación de la naturaleza no podemos dejar de tenerlo presente. Sólo el estupor, la fascinación, provoca el conocimiento y su cuidado. Esto fue lo que a nosotros mismos nos sucedió, es el origen de nuestra dedicación y pasión. Y este es el método a seguir para conservar la naturaleza. Lo demás es lo de menos.

Carson nos recuerda que desligar conocimiento y afecto ante la maravilla de la naturaleza no conduce a mucho. Para quienes nos dedicamos a la ecología su provocación es, por tanto, fundamental. Y para todos nosotros en general, Carson expone lo esencial: estar atentos, saber ver, dejarse asombrar, preguntarse. Para no anular nuestro propio sentido del asombro y, por tanto, el de nuestros hijos o nuestros estudiantes. Posicionarnos una y otra vez ante la naturaleza y lo que nos rodea con el sentido del asombro que ya poseemos. Para así volver mañana. Rachel Carson nos asegura que este posicionamiento es fuente segura para disfrutar la vida y darnos fortaleza ante lo que venga inesperadamente. Desde este convencimiento incluso augura que algo bueno y bello nos espera después de la vida.

Este breve libro fue escrito con una prosa casi poética. El perfeccionismo que se nota en la colocación de cada palabra no es sólo un rasgo del carácter de su autora, sino una cuidada forma de hacer disfrutar y asombrar al lector. Rezuma sensibilidad, belleza y amor por lo que dice y escribe. Y el que lo lee queda rendido ante tanta ternura. Con su lectura, los amantes de la naturaleza se verán asintiendo y sonriendo constantemente; y los lectores que aún la desconocen, seguro tras este relato, querrán que alguien se la descubra asombrosa para no perderse nada en la vida.

Mª Ángeles Martín R-Ovelleiro

PRÓLOGO A LA EDICIÓN INGLESA

The Sense of Wonder es el regalo de Rachel Carson al niño que todos nosotros fuimos y recordamos. En estas breves páginas la autora captura la esencia del mundo, lleno de asombro, de los niños y reaviva en nosotros ese antiguo anhelo de unidad con el mundo viviente. El placer que conlleva el proceso de descubrimiento distingue todos los escritos de Rachel Carson y la sitúa en el panteón de los escritores más importantes sobre naturaleza en lengua inglesa. En la forma de prosa lírica que era su emblema, Carson comparte aquí su fórmula sobre la forma de alimentar un sentido del asombro vital, sobre cómo mantener la frescura con la que vimos el mundo natural por primera vez y cómo preservar la admiración y el asombro en vidas vividas tan a menudo en oposición a la naturaleza.

Este ensayo, publicado por primera vez en julio de 1956 en *Woman's Home Companion* con el título «Ayuda a tu hijo a asombrarse», nos recuerda que el niño aprehende intuitivamente la verdad que la mayoría de adultos ha olvidado: que todos somos parte del mundo natural. Recordando que su mirada perspicaz hacia las maravillas de la naturaleza fue agudizada en la niñez gracias a la compañía de su madre, Carson sugiere que un niño necesita al menos un adulto con el que compartir la experiencia, pero señala que este adulto ha de adoptar la actitud del niño. La naturaleza es el terreno del placer compartido, un igualador en la aventura del descubrimiento. Carson nos urge a explorar la naturaleza con sentimientos y emociones, a usar todos nuestros sentidos y a dejar de lado el impulso de enseñar o explicar. Despierta las emociones, manifiesta Carson, porque la fundación del aprendizaje está en lo que amamos.

Una de las características distintivas de *The Sense of Wonder* es su insospechado contenido nocturno. Carson adoraba la vasta serenidad de la noche y el misterio del espacio y el sonido nocturnos, pero en ningún sitio tanto como en su playa rocosa en Maine. Allí profundizó su propia comprensión espiritual de la tenacidad de la vida. Las aventuras que sugiere en *The Sense of Wonder* son aquellas que había llevado a cabo sola por la noche. Pero en la compañía de un niño o de un compañero apreciado, las recompensas se multiplicaban. Fundamentalmente, Carson creía que el valor de contemplar el asombro y la belleza de la naturaleza era la renovación espiritual —curación interior— y una nueva profundidad para la aventura de la humanidad.

Rachel Carson empezó a trabajar en este ensayo poco después de su notable libro sobre la simbiosis del mar y la costa. *The Edge of the Sea* fue publicado en 1955, y muchos años antes se había embarcado en el proyecto que luego se convertiría en *Silent Spring*. Vio en esta cuestión una oportunidad «para decir de formas diferentes algunas de las cosas que quiero decir antes de soltar mi bolígrafo».

Roger Christie, el sobrino nieto de tres años de Carson, había ido a visitarla a Maine con su madre ese verano, y juntos exploraron los bosques y las pozas de marea que rodeaban su cabaña. Roger hizo disfrutar a su tía con su imaginativa respuesta a sus aventuras comunes.

Muchas de las actividades que Carson describe fueron compartidas con Roger, algunas tuvieron lugar en la compañía de su gran amiga, Dorothy Freeman, otras fueron fruto de una exploración solitaria.

El agente literario de Carson la urgió a escribir el ensayo como una manera de hablar sobre ella misma. El artículo publicado fue tan bien recibido que Carson decidió ampliarlo en un libro. Pasó la mayoría del verano de 1959 recopilando historias a partir de sus apuntes sobre el terreno y pensando en otras experiencias que quería incluir. El «material llega a mi puerta casi sin que lo busque», escribió, pero la controversia sobre el pesticida creada en 1962 por *Silent Spring* desbordó sus energías y *The Sense of Wonder* fue publicado póstumamente en 1965 sin ampliación alguna.

El libro que tienes en tus manos es el libro que con más interés Rachel Carson quiso completar en su breve vida. «Tengo mucho interés en hacer el libro sobre el asombro», escribió poco antes de su muerte, «lograrlo sería glorioso». Le preocupaba apasionadamente la cuestión sobre cómo mantener un sentido de asombro y creía que esa guerra se ganaba o se perdía en la niñez. Esperaba que su libro inspirara tanto a adultos como a niños a experimentar lo sensorial y emocional en la naturaleza y sabía que, si así sucedía, tendrían menos apetito para esas actividades que amenazaban el mundo viviente.

Carson deseaba que hubiera un hada buena que le diera a cada niño «un sentido de asombro tan indestructible que durara toda la vida».

Linda Lear

EL SENTIDO DEL ASOMBRO

Rachel Carson tenía la intención de ampliar *El sentido del asombro* pero el tiempo se acabó antes de que pudiera hacerlo. También tenía prevista una dedicatoria, por eso

Este libro es para Roger

Una tormentosa noche de otoño cuando mi sobrino Roger tenía unos veinte meses le envolví con una manta y lo llevé a la playa en la oscuridad lluviosa. Allí fuera, justo a la orilla de lo que no podíamos ver, donde enormes olas tronaban, tenuemente percibimos vagas formas blancas que resonaban y gritaban y nos arrojaban puñados de espuma. Reímos juntos de pura alegría. Él, un bebé conociendo por primera vez el salvaje tumulto del océano. Yo, con la sal de la mitad de mi vida de amor al mar en mí. Pero creo que ambos sentimos la misma respuesta, el mismo escalofrío en nuestra espina dorsal ante la inmensidad, el bramar del océano y la noche indómita que nos rodeaba.

Una noche o dos más tarde la tormenta había desaparecido y llevé de nuevo a Roger a la playa, esta vez fuimos más cerca del borde del agua rompiendo la oscuridad con el cono amarillo de nuestra linterna. Aunque no había lluvia, la noche era otra vez ruidosa por el romper de las olas y el viento insistente. Claramente era un tiempo y un lugar donde lo importante y elemental prevalecía.

Nuestra aventura en esa particular noche tenía que ver con la vida porque íbamos buscando cangrejos fantasmas, los que tienen el color de la arena, seres de patas ligeras que Roger había visto alguna vez brevemente en la playa por el día. Pero los cangrejos son sobre todo nocturnos, y cuando no vagabundean por la playa de noche, excavan unos pequeños hoyos cerca de la línea donde rompen las olas y se esconden, al parecer, observando y esperando a que el mar pueda traerles algo. A mí, la visión de estas pequeñas criaturas vivientes, solitarias y frágiles contra la fuerza bruta del mar, me hacía vibrar las fibras filosóficas. Y no es que pretenda que Roger y yo reaccionáramos con las mismas emociones. Pero fue bueno ver su infantil aceptación de la naturaleza, sin tener miedo ni de la canción del viento ni de la oscuridad ni de las olas rugientes, entrando de lleno con un entusiasmo de bebé en la búsqueda de un «fantasma».

Era una manera poco convencional de entretener a alguien tan pequeño, me imagino, pero ahora, pasado el cuarto cumpleaños de Roger, continuamos este compartir aventuras en la naturaleza que empezamos en su primera infancia, y creo que los resultados son buenos. El compartir incluye la naturaleza tanto en tormenta como en calma, de noche como de día, y se basa en pasarlo bien juntos más que en instruirle.

Paso los meses de verano en la costa de Maine donde tengo mi propia playa y mi propia parcela pequeña de bosque. Mirtos y enebros y brezos nacen en la misma rompiente de granito, y donde las laderas ascienden desde la bahía hasta convertirse en bosques, el aire se vuelve aromático de piceas y abetos. A los pies hay una umbría cubierta de manchas de arándanos, ebúrneas, líquenes del reno y cornejos, y sobre una colina de muchos abetos rojos, con hondonadas de helechos oscuros y afloramientos rocosos llamados los Wildwoods, hay orquídeas sandalia de la virgen y lirios del bosque y algunas lengüetas de clintonias con sus bayas azul intenso.

Cuando Roger me ha visitado en Maine y hemos paseado por esos bosques no he hecho el menor esfuerzo consciente en nombrar plantas o animales ni en explicárselas, tan sólo le he expresado mi propio gusto por lo que veíamos, llamando su atención sobre eso o aquello, pero sólo como quien comparte descubrimientos con una persona mayor. Más tarde me ha sorprendido cómo permanecen en su memoria los nombres cuando le enseño diapositivas de mis plantas y es Roger quien sabe identificarlas. «Oh, esto es lo que a Rachel le gusta, es un Cornejo». «Oh, un *Jumer (Juniper)*[1], pero no puedes comer esas bayas verdes, son para las ardillas». Estoy segura de que ninguna instrucción podría haber inculcado los nombres tan firmemente como tan sólo yendo por el bosque con la camaradería de dos amigos en una expedición de apasionantes descubrimientos.

De la misma manera, Roger aprendió sobre las conchas en mi pequeño triángulo de arena que bien pudiera pasar por playa en la costa del rocoso Maine. Cuando él tenía sólo un año y medio, las llamaba *igardos* (bígaros), *ichinos* (buccinos), *ojijone*s (mejillones)[2] sin saber cómo sucedió, puesto que nunca traté de enseñárselas.

Hemos dejado que Roger compartiera nuestra fascinación por las cosas que normalmente se deniega a los niños porque incomodan, interfieren con la hora de ir a la cama, o implican una ropa mojada que se debe cambiar o el barro que se debe quitar de la alfombra. Le hemos dejado que esté con nosotros en el salón, a oscuras frente al ventanal para contemplar la luna llena cabalgando bajo, muy bajo hacia la lejana orilla de la bahía, prendiendo toda el agua de llamas plateadas y encontrando un millar de diamantes en las rocas de la costa a medida que la luz golpeaba las escamas de

1 Roger quiso decir *junípero* o *enebro.*

2 Texto original: *«they became known to him as winkies (periwinkles); weks (whelks) and mukkies (mussels)»*. Roger pronunciando como un niño pequeño de apenas dos años el nombre de las conchas. La traducción ha sido el resultado de pedir a mi sobrino de esa edad que pronunciara estos animales.

mica incrustadas en ellas. Creo que hemos sentido que la memoria de esta escena, fotografiada año tras año en su mente de niño, significaría más para su madurez que el sueño que estaba perdiendo. A su manera, él me lo dijo cuando tuvimos una noche de luna llena nada más llegar el verano pasado. Se me sentó calladito en mi regazo durante un tiempo, viendo la luna y el agua y todo el cielo de noche, y entonces susurró «estoy contento de que viniéramos».

Un día de lluvia es el momento perfecto para un paseo en el bosque. Siempre lo he pensado, los bosques de Maine nunca parecen tan frescos y llenos de vida como en tiempo lluvioso. Entonces todas las acículas del bosque se visten de una funda de plata, los helechos parecen que han crecido con una exuberancia tropical y cada hoja tiene en su borde una gota de cristal. Hongos de colores extraños —amarillo-mostaza y melocotón y escarlata— comienzan a brotar del humus y todos los líquenes y los musgos cobran vida con una frescura verde y plateada.

Ahora sé que a los niños, también, la naturaleza les reserva alguno de sus selectos premios para los días en los que puede parecer que su humor esta sombrío. Roger me lo recordó el pasado verano durante un largo paseo por el bosque con una lluvia que calaba, no con palabras, por supuesto, pero sí con sus respuestas. Habíamos tenido muchos días de lluvia y niebla, la lluvia golpeando el ventanal, la niebla impidiendo la vista de

The memory of this scene,
photographed in his child's mind,
would mean more to his
maturity than the dream he was
losing.

la bahía. Ningún pescador de langostas yendo a dejar sus trampas, ninguna gaviota en la orilla, apenas ni siquiera ardillas que mirar. Rápidamente la cabaña se estaba haciendo demasiado pequeña para un niño inquieto de tres años.

«Vamos a dar un paseo al bosque», dije. «Quizás veamos un zorro o un ciervo». Enfundados con chubasquero amarillo y gorro tipo pescador salimos ya contentos.

Siempre me han encantado los líquenes porque tienen la cualidad de la tierra de las hadas, anillos de plata sobre una roca, curiosas formas pequeñas de huesos o cuernos o de caparazón de una criatura marina. Estaba contenta de ver que Roger se daba cuenta y respondía a la magia de la transformación forjada por la lluvia. El camino del bosque estaba alfombrado de los llamados musgos del reno, en realidad un liquen. Como una moqueta de pasillo desfasada, confeccionaba una cinta estrecha de un gris plateado a través del verde del bosque, de aquí allá, por todas partes ensanchándose para cubrir un área más grande. En época seca la alfombra de líquenes parece muy delgada, es frágil y se desmenuza debajo de los pies. Ahora, saturada de lluvia, que la absorbe como una esponja, es ancha y elástica. Roger disfrutó de su textura, arrodillándose con sus piernas rechonchetas para sentirla, y corriendo de un parche a otro para saltar arriba y abajo sobre la alfombra acolchada, resistente, con chillidos de gusto.

Aquí fue donde jugamos por primera vez a nuestro Juego del Árbol de Navidad. Hay un regenerado magnífico de abetos jóvenes creciendo y puedes encontrar plántulas de casi cualquier tamaño hasta el largo del dedo de Roger. Yo empiezo señalando los árboles bebés.

«Éste debe de ser un Árbol de Navidad para las ardillas», decía. «Es justo el tamaño perfecto. En Nochebuena las ardillas rojas vienen y cuelgan pequeñas conchas y cáscaras e hilos de liquen plateados para decorarlo, y entonces nieva y se cubre todo con estrellas brillantes, y por la mañana las ardillas tienen un Árbol de Navidad precioso... Y este otro más diminuto, debe ser para bichillos de algún tipo y quizás éste más grande es para los conejos o marmotas».

Una vez empezado este juego tenía que jugarse en todos los paseos por el bosque, desde entonces se tenía que señalar al grito de «no pises el Árbol de Navidad».

El mundo de los niños es fresco y nuevo y precioso, lleno de asombro y emoción. Es una lástima que para la mayoría de nosotros esa mirada clara, que es un verdadero instinto para lo que es bello y que inspira admiración, se debilite e incluso se pierda antes de hacernos adultos.

Si yo tuviera influencia sobre el hada madrina, aquella que se supone preside el nacimiento de todos los niños, le pediría que le concediera a cada niño de este mundo el don del sentido del asombro tan indestructible que le durara toda la vida, como un inagotable antídoto contra el aburrimiento y el desencanto de años posteriores, la estéril preocupación de problemas artificiales, el distanciamiento de la fuente de nuestra fuerza.

Para mantener vivo en un niño su innato sentido del asombro, sin contar con ningún don concedido por las hadas, se necesita la compañía de al menos un adulto con quien poder compartirlo, redescubriendo con él la alegría, la expectación y el misterio del mundo en que vivimos. Los padres a menudo tienen un sentimiento de incompetencia cuando se enfrentan por un lado con la impaciente y sensitiva mente de un niño, y por el otro con un mundo físico de naturaleza compleja, una vida tan diversa y nada familiar, que parece imposible reducirlo para ordenarlo y conocerlo. Bajo este estado derrotista, exclaman «cómo es posible que enseñe a mi hijo sobre naturaleza, si no sé ni siquiera distinguir un pájaro de otro».

Yo sinceramente creo que para el niño, y para los padres que buscan guiarle, no es ni siquiera la mitad de importante conocer como sentir. Si los hechos son la semilla que más tarde producen el conocimiento y la sabiduría, entonces las emociones y las impresiones de los sentidos son la tierra fértil en la cual la semilla debe crecer. Los años de la infancia son el tiempo para preparar la tierra. Una vez que han surgido las emociones, el sentido de la belleza, el entusiasmo por lo nuevo y lo desconocido, la sensación de simpatía, compasión, admiración o amor, entonces deseamos el conocimiento sobre el objeto de nuestra conmoción. Una vez que

On Christmas Eve the red squirrels come
and hang little shells
and silver lichen strings
to decorate it.

lo encuentras, tiene un significado duradero. Es más importante preparar el camino del niño que quiere conocer que darle un montón de datos que no está preparado para asimilar.

Si eres un padre que siente que tiene a su disposición muy poco conocimiento sobre la naturaleza, hay aún mucho de lo que se puede hacer con tu hijo. Con él, en cualquier sitio y con cualesquiera que sean tus recursos, siempre puedes mirar el cielo, su belleza al amanecer y en su puesta de sol, sus nubes en movimiento, sus estrellas por la noche. Puedes escuchar el viento cuando sopla con su voz majestuosa a través del bosque o que canta con su coro de muchas voces alrededor de la cornisa de tu casa o en las esquinas de tu edificio de apartamentos, y en la escucha puedes conseguir liberar magia de tus pensamientos. Puedes además sentir la lluvia sobre tu cara y pensar en su largo recorrido, sus múltiples transformaciones desde el mar a la atmósfera y a la tierra. Incluso si eres una persona que vive en la ciudad, puedes encontrar un sitio, quizás un parque o un campo de golf, donde puedas observar las migraciones misteriosas de las aves en los cambios de estaciones. Y con tu hijo puedes reflexionar sobre el misterio de una semilla germinando, incluso si es la única plantada en una maceta con tierra en la ventana de la cocina.

Explorar la naturaleza con tu hijo es sobre todo una cuestión de estar receptivo a lo que encuentras a tu alrededor. Es volver a aprender a usar tus ojos, oídos, nariz y yemas de los dedos, abriendo los canales de las impresiones sensoriales en desuso.

Para la mayoría de nosotros, el conocimiento de nuestro mundo viene en gran medida a través de la vista, miramos alrededor con tales ojos que no ven que somos parcialmente ciegos. Una manera de abrir tus ojos a la belleza inapreciada es preguntarte a ti mismo: «¿Qué pasaría si nunca lo hubiera visto?» «¿Qué pasaría si supiera que no lo veré nunca otra vez?».

Recuerdo una noche de verano cuando este pensamiento me vino con fuerza. Era una noche clara sin luna. Con un amigo, fuimos a un cabo que era casi una isla pequeña, estando todo rodeado por el agua de la bahía. Allí el horizonte está remoto y lejana la frontera del borde del espacio. Nos tendimos y miramos al cielo y al millón de estrellas que brillaban en la oscuridad. La noche estaba tan en calma que podíamos oír el ruido de las boyas sobre el acantilado más allá de la boca de la bahía. Una o dos veces una palabra dicha por alguien en la lejana orilla de la playa era traída por el aire despejado. Unas pocas luces ardían en las cabañas. Aparte de esto no había nada que nos recordara una presencia humana; mi acompañante y yo estábamos solos con las estrellas. Nunca las había visto tan hermosas: el río brumoso de la Vía Láctea fluyendo a través del cielo, los dibujos de las constelaciones, brillantes y nítidas, un planeta centelleante más abajo en el horizonte. Una o dos veces un meteorito se consumió en su camino hacia la atmósfera de la Tierra.

Se me ocurrió que si esto pudiera verse sólo una vez en un siglo o incluso una vez en una generación, este cabo estaría atestado de espectadores. Pero como lo podemos ver muchas decenas de noches en cualquier año, las luces arden en las cabañas, y los habitantes probablemente no otorgan ningún pensamiento a la belleza sobre sus cabezas; y porque pueden verlo casi cualquier noche, quizás no lo verán nunca.

Una experiencia como ésta, cuando dejas vagar tus pensamientos a través de los espacios solitarios del universo, puede compartirse con un niño incluso si no se conoce el nombre de ninguna estrella. Aun así, puedes absorber la belleza, y pensar y asombrarte del significado de lo que ves.

If this could be seen only once in a century, this cape would be packed with onlookers.

But we can see it many nights, and they give no thought to the beauty above their heads, and because they can see it almost any night, perhaps they will never see it.

Y entonces hay un mundo de cosas pequeñas que pocas veces se ve. Muchos niños, quizás porque ellos mismos son pequeños y están más cerca del suelo que nosotros, se dan cuenta y disfrutan con lo pequeño y que pasa desapercibido. Quizás por esto es fácil compartir con ellos la belleza que solemos perdernos porque miramos demasiado deprisa, viendo el todo y no las partes. Algunas de las más exquisitas obras de la naturaleza están a una escala de miniatura, como sabe quien haya mirado un copo de nieve a través de una lupa.

Una inversión de unos cuantos dólares en una buena lupa de mano o una lente de aumento dará vida a un nuevo mundo. Observa con tu hijo los objetos que das por hecho que son corrientes y poco interesantes. Un espolvoreado de granos de arena puede aparecer como joyas brillantes de tonos rosas y cristalinos, o como relucientes abalorios, o como una mezcolanza de rocas liliputienses, púas de erizos de mar y pedacitos de caracoles.

Mirar con la ayuda de una lupa una mancha de musgo desvela una densa jungla tropical, en la que insectos tan grandes como tigres merodean entre exuberantes árboles extrañamente formados. Unos pocos hierbajos de estanques o algas en un vaso y examinados a través de una lente se encontrarán poblados por hordas de seres extraños, cuya actividad puede entretenerte durante horas. Las flores (especialmente las compuestas), los primeros capullos de hojas o las flores de cualquier árbol, o cualquier pequeña criatura revelan una belleza inesperada y una complejidad que, con ayuda de una lupa, nos permite escapar de las limitaciones de la escala humana.

Otros sentidos aparte del de la vista pueden evidenciar posibilidades de deleite y descubrimientos, almacenando para nosotros impresiones y recuerdos. Roger y yo, de madrugada ya fuera, hemos disfrutado del penetrante olor del humo de la madera que viene de las chimeneas de las cabañas. En la playa hemos saboreado el olor de la bajamar, esa maravillosa balada coordinada de tantos olores disociados, del mundo de las algas y los peces, de criaturas de formas y costumbres estrambóticas, de mareas que suben y bajan en su designado horario, de marismas descubiertas y salitre secándose en las rocas. Espero que al igual que yo, Roger llegue a experimentar las ráfagas de recuerdos alegres que me vienen con el primer soplo de ese aroma que penetra en tu nariz cuando vuelves al mar tras una larga ausencia. Porque el sentido del olfato, casi más que ningún otro, tiene el poder de evocar recuerdos y es una lástima que lo usemos tan poco.

Escuchar puede ser una fuente todavía mayor de infinitos placeres pero requiere ser cultivada conscientemente. Yo sé de gente que me ha dicho que nunca ha oído el canto de un zorzal, a pesar de que las frases de este pájaro, como tintineos de campanillas, hayan estado resonando en sus jardines cada primavera. Como sugerencia y ejemplo, yo creo que a los niños se les puede ayudar a escuchar sus muchas voces. Toma tu tiempo para escuchar y hablar sobre las voces de la tierra y lo que quieren decir la majestuosa voz del trueno, los vientos, el sonido de la ola o la corriente de los ríos.

Y las voces de los seres vivos: ningún niño debería crecer sin conocer el coro de los pájaros al amanecer en primavera. Nunca olvidará la experiencia de planear levantarse muy pronto y salir en la oscuridad de la madrugada. Las primeras voces se escuchan antes de que rompa el día. Es muy fácil distinguir esos primeros cantantes solitarios. Quizás unos pocos cardenales rojos carraspeen trinos, silbidos en aumento, como alguien que llama a un perro. Entonces canta la curruca zarcera, pura y etérea, con la sutil finura de recuerdos alegres. Allá en alguna mancha de bosque distante un chotacabras continúa con su monótono canto nocturno, rítmico e insistente, un sonido que se siente más que se escucha. Agregan sus voces mirlos de primavera, zorzales, gorriones, arrendajos, víreos. El coro eleva el volumen a medida que los mirlos de primavera participan, aportando un ritmo intenso, propio suyo, que pronto se vuelve dominante en el popurrí de voces salvajes. En ese coro del alba uno escucha el latido de la vida.

No child should grow up
without knowing the chorus of birds
at dawn in spring.

Hay otra música viviente. Ya he prometido a Roger que cogeremos nuestras linternas este otoño e iremos al jardín a cazar insectos que tocan el violín en la hierba y entre los setos boscosos y floridos. El sonido de la orquesta de insectos aumenta y late con más fuerza noche tras noche, desde el final del verano hasta cuando termina el otoño y las noches heladas agarrotan y entumecen a los pequeños músicos, y finalmente la última nota se acalla en el largo frío. Una hora de expedición de búsqueda de los pequeños músicos con la linterna es una aventura que a cualquier niño le encantaría. Le proporciona una sensación de misterio y belleza en la noche, y qué vivos están sus ojos mirones y pequeños, en posición de espera.

El juego consiste en escuchar, no tanto toda la orquesta sino en discernir los instrumentos por separado, e intentar localizar los músicos. Te sentirás atraído, paso a paso, hacia un arbusto del que procede una dulce y estridente vibración repetitiva hasta la saciedad. Finalmente, sigues las huellas hasta encontrar una pequeña criatura verde muy pálida, con alas tan blancas e insustanciales como la luz de la luna. O desde alguna parte del sendero del jardín proviene un jovial gorjeo rítmico, un sonido tan amigable y acogedor como el chisporrotear del fuego de la chimenea, o el ronroneo del gato. Moviendo la linterna hacia abajo encuentras un grillo desapareciendo en su guarida cubierta de hierba.

La más inolvidable es la que yo llamo el timbre del cascabel del hada. Nunca la he encontrado. No estoy segura de querer hacerlo. Su sonido —y seguro que ella misma— es tan etéreo, tan delicado, tan de otro mundo, que debería permanecer invisible, como ha sucedido todas las noches que la he estado buscando. Es el sonido exacto que debería venir de un cascabel cogido por la mano del más pequeño elfo, inenarrablemente claro y argénteo, tan tenue, tan inaudible que te quita la respiración a medida que te aproximas al claro del bosque de donde procede el repique del hada.

La noche es también un tiempo para escuchar otras voces, las llamadas de las aves migrando apresuradamente hacia el norte en primavera y al sur en otoño. Saca a tu hijo fuera una noche tranquila de octubre cuando haya poco viento y encuentra un sitio tranquilo lejos del ruido del tráfico. Entonces estaos muy quietos y escuchad, proyectad conscientemente toda vuestra atención hacia arriba, sobre el oscuro arco del cielo encima de vosotros. En ese momento, tus oídos detectarán susurros muy pequeños, gorgojeos repentinos, picos silbantes y notas de reclamo. Son los cantos de las aves en migración, que aparentemente las mantienen en contacto a través del cielo con otras dispersas de su especie. Yo nunca puedo escuchar estas llamadas sin una oleada de conmoción compuesta de muchas emociones, una sensación de lejana soledad, un compasivo caer en la cuenta sobre las pequeñas vidas controladas y dirigidas por fuerzas más allá de la voluntad o la negación, una invasión repentina de asombro por el instinto certero acerca de la ruta y dirección que hasta ahora ha frustrado los esfuerzos humanos para explicarlo.

Si hay luna llena y el cielo de la noche está vivo con las llamadas de las aves en migración, entonces tienes el camino abierto para otra aventura con tu hijo si tiene edad suficiente para usar un telescopio o unos buenos prismáticos. La afición de observar la migración de los pájaros cruzando la cara de la luna se ha hecho popular e incluso científicamente importante en los últimos años, y reconozco que es una manera igual de buena para hacer sentir a un niño más mayor el misterio de la migración.

Siéntate cómodo y enfoca la lente hacia la luna. Debes aprender a ser paciente, porque a no ser que estés en una ruta de migración muy transitada tendrás que esperar muchos minutos antes de verte recompensado. En el tiempo de la espera puedes fijarte en la topografía de la luna, porque incluso una lente de aumento moderado deja ver suficiente detalle para fascinar a un niño consciente del espacio. Pero más tarde o más temprano deberás empezar a ver aves, solitarias viajeras en el

Sit comfortably and focus the lens towards the moon.

You must learn to be patient, because unless you are on a very busy migration route, you will have to wait before being rewarded.

espacio que se atisban cuando pasan desde la oscuridad a la oscuridad.

En todo esto he dicho muy poco sobre la identificación de pájaros, insectos, rocas, estrellas o de cualquier otra cosa animada o inanimada que comparte este mundo con nosotros. Por supuesto que siempre es conveniente saber el nombre de las cosas que suscitan nuestro interés. Pero es un problema diferente y que puede solucionar cualquier padre que tenga un ojo razonablemente observador y una buena guía de las muchas excelentes disponibles en varias ediciones bastante económicas.

Yo creo que el valor de jugar a identificar depende de cómo se juegue. Si es un fin en sí mismo creo que no tiene mucha utilidad. Es muy fácil recopilar extensas listas de criaturas vistas e identificadas sin que se te haya cortado la respiración por la maravilla del prodigio de la vida. Si un niño me hiciera una pregunta que insinuase una apenas perceptible conciencia acerca del misterio que subyace tras la llegada a la playa de la migración del correlimos una mañana de agosto, yo estaría mucho más feliz por el mero hecho de que supiera que es un correlimos y no un chorlitejo.

¿Cuál es valor de conservar y fortalecer este sentido de sobrecogimiento y de asombro, este reconocer algo más allá de las fronteras de la existencia humana?, ¿es explorar la naturaleza sólo una manera agradable de pasar las horas doradas de la niñez o hay algo más profundo?

Yo estoy segura de que hay algo más profundo, algo que perdura y tiene significado. Aquellos que moran, tanto científicos como profanos, entre las bellezas y misterios de la tierra nunca están solos o hastiados de la vida. Cualesquiera que sean las contrariedades o preocupaciones de sus vidas, sus pensamientos pueden encontrar el camino que lleve a la alegría interior y a un renovado entusiasmo por vivir. Aquellos que contemplan la belleza de la tierra encuentran reservas de fuerza que durarán hasta que la vida termine. Hay una belleza tan simbólica como real en la migración de las aves, en el flujo y reflujo de la marea, en los repliegues de la yema preparada para la primavera. Hay algo infinitamente reparador en los reiterados estribillos de la naturaleza, la garantía de que el amanecer viene tras la noche, y la primavera tras el invierno.

Me gusta recordar al distinguido oceanógrafo sueco Otto Pettersson, que murió hace pocos años a la edad de noventa y tres, en plena posesión de sus facultades mentales. Su hijo, también oceanógrafo mundialmente famoso, ha contado en un libro reciente cómo su padre disfrutó intensamente de cada nueva experiencia, de cada nuevo descubrimiento sobre el mundo que le rodeaba.

«Era un incurable romántico», escribió su hijo, «profundamente enamorado de la vida y los misterios del cosmos». Cuando se dio cuenta de que no le quedaba mucho para disfrutar del escenario terrenal, Otto Pettersson le dijo a su hijo: «lo que me sostendrá en mis últimos momentos es una infinita curiosidad por lo que sigue».

Hace poco recibí en el correo una carta que guardaba un testimonio elocuente de la permanencia del sentido del asombro durante toda la vida. Era de una lectora que me pedía consejo para escoger una zona de la costa para ir de vacaciones, un paraje natural donde pudiera pasar los días entre playas vírgenes, explorando ese mundo que es viejo pero siempre nuevo.

Lamentablemente excluyó las playas escarpadas del norte. A ella le habían encantado las playas toda su vida, me dijo, pero trepar por las rocas de Maine podría resultar difícil para quien pronto llegaría a su ochenta y nueve cumpleaños. Cuando dejé su carta me sentí reconfortada por las llamas del asombro y el estupor que aún ardían intensamente en su mente y espíritu jovial, tal como debían de haberlo hecho hace ochenta años.

Los placeres que perduran al contacto con la naturaleza no están reservados para científicos sino que están al alcance de cualquiera que se sitúe bajo el influjo de la tierra, el mar y el cielo y su asombrosa vida.

MANUSCRITO

MR ROBERT

MOUSE

This is the fat little mouse
That came to live in my house,

MR ROBERT

FISH

his is the fish
We put in a dish

One stormy autumn night when my nephew Roger was about 20 months old I wrapped him in a blanket and carried him down on the beach in the showery darkness. Out there at the edge of our sight big waves were thundering in on the sand - dimly seen white shapes that boomed and shouted and threw great handfuls of froth at us. Together - he a baby meeting for the first time the wild tumult of Oceanus, I with the salt of half a lifetime of sea love in me - we laughed ~~together~~ for pure joy, and ~~excitement~~ I think felt the same spine tingling response to the vast roaring ocean and the wild night around us.

A day or two later the storm had blown itself out and on a calmer night I took ~~him~~ Roger again to the beach - this time to carry him along the water's edge, piercing the darkness with the yellow cone of our flashlight ~~as we searched for crabs~~. The darkness was still noisy with breaking surf and with an insistent wind, ~~but~~ altho there was no rain, and it was clearly a time and place where great elements prevailed. & where the usual comfort & companion of man human life had no place. ~~This~~ Our adventure on this particular evening had to do with life, however, for we ~~are~~ were searching for ghost crabs — those sand colored, fleet legged beings whom Roger had sometimes glimpsed briefly on the beaches in daytime. But the crabs are nocturnal, and when not roaming the night beaches they dig little pits near the surf line where they hide, seemingly watching & waiting for what the sea may bring them. For ~~t~~ me the sight of this tiny living creature, solitary & — ~~in a~~ in — to the brute force of the sea, had many philosophic overtones & I do not pretend that baby R & I react — ~~the~~ with same em

But it was good to see his infant acceptance of a world of elemental things, fearing neither the song of the wind nor the darkness nor the roaring surf, entering with baby excitement into the search for a "ghos"

Neither of these incidents, I suppose, represents ~~conventional~~ ~~tehas~~ ~~procedure~~ ordinary methods of

Hardly a conventional way to entertain a baby, I suppose, but now, with Roger a little past his 4th birthday, we are continuing that sharing of adventures in the world of nature that we began in his babyhood and I think the results are good. The sharing, as these incidents suggest, includes nature in ~~its~~ storm as well as sunshine, by night as well as day, and is based on ~~shared enjoyment~~ having fun together rather than on teaching. ~~or metho~~ ~~about nature.~~ I spend the summer months on the ~~Although I~~ coast of Maine, with my own shoreline and my own small tract of spruce & fir woods, with fragrant carpets with bay & juniper ~~and~~ huckleberry & shaded [illegible] with the elfin mushrooms & lichens & fern

27
12
324
9
916

As I have walked with Roger in these places I have made no effort to name ~~what we saw~~ plants or anything nor to "explain" to him but have just expressed my own pleasure in what we saw and called his attention to the things I enjoyed. Later I have been amazed at the way names stick in his mind, and when I showed my Kodachromes of my woods plants & adult friends it was R who could identify them. "Oh thats what Rachel likes – thats bunchberry" "Thats jumper (juniper) but you dont eat those green berries" or Oh look at the Indian pipes. I'm sure no amount of drill would have implanted the names so firmly as just going thru the woods in the spirit of two friends on an expedition of exciting discovery

In the same way Roger learned the shells on my little Δ of sand that passes for a beach in rocky Maine. When he was only 1½ yr old, they became known to him as winkies (p) wehs (w) & mukpies (M) ~~without~~ my knowing quite how this came about.

A good many friends and readers have talked with me about the best way of developing a love of nature in their children. In part from my experience with Roger, in part from recollections of my own childhood, ~~I think~~ I have developed a philosophy about this that seems workable, to me at least. In the first place I don't think it is a case of developing so much as preserving. Children in many fields have truer instincts than adults. A sense of ~~the~~ oneness with ~~nature~~ their world comes naturally to them. A child's world is fresh and new and beautiful, full of wonder and excitement. It is our misfortune that for most of us that clear eyed vision, that true instinct for what is beautiful and awe inspiring, is dimmed & even lost before we reach adulthood.

If I had influence with the good fairy who is supposed to preside over the christening of children I would ask that her gift ~~would~~ be a sense of wonder so indestructible that it would ~~last be kept~~ last throughout life, ~~warding~~ an unfailing & against ~~off~~ the boredom & disenchantment of adult life, the sterile preoccupation with things that are artificial, the cutting off from our real sources of strength.

Exploring nature with your child is largely a matter of learning anew to use your eyes, ears, nose, and finger tips to re establish those channels of sensory impression ~~that~~ in most of us have fallen into disrepair through lack of use.

The sense of hearing is a delightful —— to a new world.

perceiving what is all around you.

Our bay is too cold for b[illegible] emf[illegible] swim but to [illegible] the rise cloud with R at the [illegible] of a very wet Nov 8 – 2210 hol[illegible] ~~[illegible]~~ tightly on the stiff ~~[illegible]~~ letting the wave rocks, beat at our feet and splash with spray all & other accompaniments of delight and a rainy day. is also to be a happy time

We have let R. share our own enjoyment of things ordinarily denied children because they interfere with bedtime or because they induce inconven— clo— wet shoes ~~that~~ have to be changed or mud tracked into the house. We have let R join us in a dark living room

splendor and set the rocks together with a thousand diamonds as the [illegible] flashes & [illegible] [illegible]

If that had not been true — if the joy and wonder in the world had not been strongly developed before the facts came, I doubt if I could now find the deep enjoyment that I do in nature. The point is that once an emotional bond has been established — a sense of the beautiful, the excitement of the mysterious, a feeling of sympathy or pity or love — then we wish for knowledge. Then we actively seek it, and once found it has lasting meaning. So it is far more important to pave the way for the child to want to know than to put him on a diet of facts he is not ready to assimilate. So the parent who feels he himself has little nature lore is by no means helpless — he still has his senses and even if they have grown dim, he can with a little effort renew them —

Piedmont Airlines

A child is instinctively attuned to the world around him, receptive to impressions, seeing the wonder & freshness of other things newly created like himself. If he is to keep this sense of wonder, he needs the companionship of at least one adult who can share it with him, ~~entering~~ rediscovering with him the joy and excitement and wonder of the world we live in.

"This is all very well as theory," you may say - but just how do I go about it?" Well, let us see.

~~Just~~ How does one, who has become ~~so~~ adjusted to the artificial, ~~and~~ man-created world of steel and concrete, return with perceptive mind to the real world

Let me say here that, although I later undertook the serious study of the natural sciences, my first imp of nature were not factual but sensory and emotional.

And perhaps I can say now that the attitude of

"How can I possibly teach my child about nature — I don't even know one bird from another," ~~I hear parents say~~, they exclaim, self-defeated at the outset.

Parents often have a sense of inadequacy, confronted on the one hand with ~~this~~ the eager, sensitive mind of a child, and on the other with a world of earth, air, and atmosphere, all inhabited by a life so various & unfamiliar that it seems hopeless to ~~make~~ reduce it to order and knowledge.

It is my sincere belief that for the child, and for the parent seeking ~~to~~ to guide him, it is not half so necessary to *know* as to *feel*. If facts ~~may be~~ are the seeds, ~~but~~ then the soil in which they flourish is the fertile loam of emotion and sensory impression. The years of early childhood are the time to prepare the soil; if the job is well done, the seeds that are later sown will take root & grow

Bayberry and juniper and huckleberry ~~grow~~ begin at the very edge of the granite rim of shore, and where the land slopes upward ~~from the bay in a wooded knoll~~ ~~from the bay there is a~~ the air becomes fragrant with ~~the~~ spruce and balsam
Underfoot there is the multipattern northern ground cover of blueberry, checkerberry, reindeer moss and bunchberry, and on a hillside of many spruce trees in a place of denser spruce with shaded ferny dells and rocky outcroppings, called the slender clintonia of the deep blue berries
the Wildwoods, there are pink lady slippers wild orchids and wood lilies.
~~and many other~~ ~~Walking with R in these places~~

When R. visits me in Maine and we walk in the woods –

Rachel Carson nació el 27 de mayo de 1907 en Springdale, Pensilvania. Empezó sus estudios universitarios el en College for Women en Pittsburgh, especializándose inicialmente en Filología. Sin embargo, un curso de biología obligatorio en su tercer año la impulsó a adentrarse en la zoología. Después de completar su licenciatura, Carson pasó al Laboratorio Woods Hole en Massachusetts para estudiar Biología Marina obteniendo un máster en Zoología en la Universidad Johns Hopkins en 1932.

En 1935 el padre de Carson murió repentinamente por lo que tuvo que encontrar un trabajo estable para mantener a su familia. Carson aprobó las oposiciones al Servicio Federal de Pesca y Vida Silvestre en 1936 y se mudó a Washington, D.C., para trabajar dentro del departamento de publicaciones. Allí empezó editando revistas, escribiendo artículos y guiones de radio. Durante esta época completó su sueldo con colaboraciones en el *Baltimore Sun*.

Su primer libro, *Under the Sea Wind* (1941), fue publicado justo antes de Pearl Harbor, y pasó casi desapercibido. Ascendió a jefa de redacción de las publicaciones cuando *The Sea Around Us* (1951) apareció en forma de pequeños artículos periódicos en *The New Yorker* con gran aceptación de público y crítica, lo que llevaría a la edición en forma de libro a lo más alto de las listas de *bestsellers* considerándose actualmente como un clásico. En 1952 se le concedió el Premio Nacional del Libro por *The Sea Around Us*, lo que le permitió dejar de trabajar en la administración para dedicarse a la escritura. En 1955 publicó *The Edge of the Sea*. Estos dos libros, auténticas biografías del océano, hicieron famosa a Carson como naturalista y escritora científica.

Años más tarde publicó la obra que la consagró como autora de reconocido prestigio: *Silent Spring* (1962). El impacto que causó fue tal que muchos críticos y columnistas compararon a Carson con Harriet Beecher Stowe, la autora de la novela *La cabaña del tío Tom*. Ambas mujeres desencadenaron un impacto social sin precedentes a través de un libro. Kennedy se refirió a Rachel Carson como la Harriet de nuestro tiempo, haciéndose eco de las palabras de Lincoln como «la pequeña dama con la que empezó todo». Quizás, la visión de Carson fue lo diferenciador entre ambas. Mientras que Stowe se reveló contra la esclavitud, un tema en debate en esa época, en el caso de Carson la denuncia del riesgo ambiental y la necesidad de la protección de la naturaleza no se habían planteado, es más, ni siquiera era conocida en aquellos años.

En el momento de su muerte en 1964, a la edad de cincuenta y seis años, Rachel Carson estaba viviendo, como lo llevaba haciendo desde hacía muchos años, en Silver Spring, Maryland, y pasando sus veranos en Maine con el objeto de ampliar el trabajo en *The Sense of Wonder*. Su propio sentido del asombro permanente ante el universo que la rodeaba y su capacidad de transmitírselo a los lectores fueron quizá su mayor don y su mayor contribución.